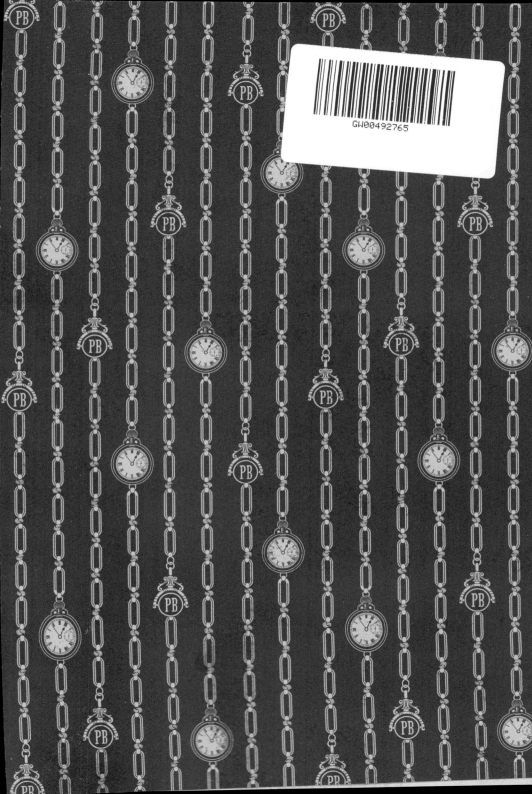

NOTES

JANUARY

WK	M	T	W	T	F	S	S
52						1	2
1	3	4	5	6	7	8	9
2	10	11	12	13	14	15	16
3	17	18	19	20	21	22	23
4	24	25	26	27	28	29	30
5	31						

FEBRUARY

WK	M	T	W	T	F	S	S
5		1	2	3	4	5	6
6	7	8	9	10	11	12	13
7	14	15	16	17	18	19	20
8	21	22	23	24	25	26	27
9	28						

MARCH

WK	M	T	W	T	F	S	S
9		1	2	3	4	5	6
10	7	8	9	10	11	12	13
11	14	15	16	17	18	19	20
12	21	22	23	24	25	26	27
13	28	29	30	31			

APRIL

WK	M	T	W	T	F	S	S
13					1	2	3
14	4	5	6	7	8	9	10
15	11	12	13	14	15	16	17
16	18	19	20	21	22	23	24
17	25	26	27	28	29	30	

MAY

WK	M	T	W	T	F	S	S
17							1
18	2	3	4	5	6	7	8
19	9	10	11	12	13	14	15
20	16	17	18	19	20	21	22
21	23	24	25	26	27	28	29
22	30	31					

JUNE

WK	M	T	W	T	F	S	S
22			1	2	3	4	5
23	6	7	8	9	10	11	12
24	13	14	15	16	17	18	19
25	20	21	22	23	24	25	26
26	27	28	29	30			

JULY

WK	M	T	W	T	F	S	S
26					1	2	3
27	4	5	6	7	8	9	10
28	11	12	13	14	15	16	17
29	18	19	20	21	22	23	24
30	25	26	27	28	29	30	31

AUGUST

WK	M	T	W	T	F	S	S
31	1	2	3	4	5	6	7
32	8	9	10	11	12	13	14
33	15	16	17	18	19	20	21
34	22	23	24	25	26	27	28
35	29	30	31				

SEPTEMBER

WK	M	T	W	T	F	S	S
35				1	2	3	4
36	5	6	7	8	9	10	11
37	12	13	14	15	16	17	18
38	19	20	21	22	23	24	25
39	26	27	28	29	30		

OCTOBER

WK	M	T	W	T	F	S	S
39						1	2
40	3	4	5	6	7	8	9
41	10	11	12	13	14	15	16
42	17	18	19	20	21	22	23
43	24	25	26	27	28	29	30
44	31						

NOVEMBER

WK	M	T	W	T	F	S	S
44		1	2	3	4	5	6
45	7	8	9	10	11	12	13
46	14	15	16	17	18	19	20
47	21	22	23	24	25	26	27
48	28	29	30				

DECEMBER

WK	M	T	W	T	F	S	S
48				1	2	3	4
49	5	6	7	8	9	10	11
50	12	13	14	15	16	17	18
51	19	20	21	22	23	24	25
52	26	27	28	29	30	31	

2023 YEAR TO VIEW

JANUARY

WK	M	T	W	T	F	S	S
52							1
1	2	3	4	5	6	7	8
2	9	10	11	12	13	14	15
3	16	17	18	19	20	21	22
4	23	24	25	26	27	28	29
5	30	31					

FEBRUARY

WK	M	T	W	T	F	S	S
5			1	2	3	4	5
6	6	7	8	9	10	11	12
7	13	14	15	16	17	18	19
8	20	21	22	23	24	25	26
9	27	28					

MARCH

WK	M	T	W	T	F	S	S
9			1	2	3	4	5
10	6	7	8	9	10	11	12
11	13	14	15	16	17	18	19
12	20	21	22	23	24	25	26
13	27	28	29	30	31		

APRIL

WK	M	T	W	T	F	S	S
13						1	2
14	3	4	5	6	7	8	9
15	10	11	12	13	14	15	16
16	17	18	19	20	21	22	23
17	24	25	26	27	28	29	30

MAY

WK	M	T	W	T	F	S	S
18	1	2	3	4	5	6	7
19	8	9	10	11	12	13	14
20	15	16	17	18	19	20	21
21	22	23	24	25	26	27	28
22	29	30	31				

JUNE

WK	M	T	W	T	F	S	S
22				1	2	3	4
23	5	6	7	8	9	10	11
24	12	13	14	15	16	17	18
25	19	20	21	22	23	24	25
26	26	27	28	29	30		

JULY

WK	M	T	W	T	F	S	S
26						1	2
27	3	4	5	6	7	8	9
28	10	11	12	13	14	15	16
29	17	18	19	20	21	22	23
30	24	25	26	27	28	29	30
31	31						

AUGUST

WK	M	T	W	T	F	S	S
31		1	2	3	4	5	6
32	7	8	9	10	11	12	13
33	14	15	16	17	18	19	20
34	21	22	23	24	25	26	27
35	28	29	30	31			

SEPTEMBER

WK	M	T	W	T	F	S	S
35					1	2	3
36	4	5	6	7	8	9	10
37	11	12	13	14	15	16	17
38	18	19	20	21	22	23	24
39	25	26	27	28	29	30	

OCTOBER

WK	M	T	W	T	F	S	S
39							1
40	2	3	4	5	6	7	8
41	9	10	11	12	13	14	15
42	16	17	18	19	20	21	22
43	23	24	25	26	27	28	29
44	30	31					

NOVEMBER

WK	M	T	W	T	F	S	S
44			1	2	3	4	5
45	6	7	8	9	10	11	12
46	13	14	15	16	17	18	19
47	20	21	22	23	24	25	26
48	27	28	29	30			

DECEMBER

WK	M	T	W	T	F	S	S
48					1	2	3
49	4	5	6	7	8	9	10
50	11	12	13	14	15	16	17
51	18	19	20	21	22	23	24
52	25	26	27	28	29	30	31

2022

NEW YEAR'S DAY	JAN 1
NEW YEAR'S DAY HOLIDAY	JAN 3
BANK HOLIDAY (SCOTLAND)	JAN 4
CHINESE NEW YEAR (TIGER)	FEB 1
VALENTINE'S DAY	FEB 14
ST. DAVID'S DAY (WALES) / SHROVE TUESDAY	MAR 1
ST. PATRICK'S DAY	MAR 17
DAYLIGHT SAVING TIME STARTS / MOTHERING SUNDAY	MAR 27
RAMADAN BEGINS	APR 2
GOOD FRIDAY / PASSOVER BEGINS	APR 15
EASTER SUNDAY	APR 17
EASTER MONDAY	APR 18
ST. GEORGE'S DAY	APR 23
EARLY MAY BANK HOLIDAY	MAY 2
QUEEN'S PLATINUM JUBILEE BANK HOLIDAY	JUN 2
QUEEN'S PLATINUM JUBILEE BANK HOLIDAY	JUN 3
FATHER'S DAY	JUN 19
BATTLE OF THE BOYNE (NORTHERN IRELAND)	JUL 12
ISLAMIC NEW YEAR BEGINS	JUL 29
SUMMER BANK HOLIDAY (SCOTLAND)	AUG 1
SUMMER BANK HOLIDAY (ENG, NIR, WAL)	AUG 29
THE UNITED NATIONS INTERNATIONAL DAY OF PEACE	SEPT 21
ROSH HASHANAH (JEWISH NEW YEAR) BEGINS	SEPT 25
YOM KIPPUR BEGINS	OCT 4
WORLD MENTAL HEALTH DAY	OCT 10
DIWALI	OCT 24
DAYLIGHT SAVING TIME ENDS	OCT 30
HALLOWEEN	OCT 31
GUY FAWKES NIGHT	NOV 5
REMEMBRANCE SUNDAY	NOV 13
ST. ANDREW'S DAY (SCOTLAND)	NOV 30
CHRISTMAS DAY	DEC 25
BOXING DAY	DEC 26
BANK HOLIDAY	DEC 27
NEW YEAR'S EVE	DEC 31

PLANNER 2022

JANUARY		FEBRUARY		MARCH	
1	S	1	T	1	T
2	S	2	W	2	W
3	M	3	T	3	T
4	T	4	F	4	F
5	W	5	S	5	S
6	T	6	S	6	S
7	F	7	M	7	M
8	S	8	T	8	T
9	S	9	W	9	W
10	M	10	T	10	T
11	T	11	F	11	F
12	W	12	S	12	S
13	T	13	S	13	S
14	F	14	M	14	M
15	S	15	T	15	T
16	S	16	W	16	W
17	M	17	T	17	T
18	T	18	F	18	F
19	W	19	S	19	S
20	T	20	S	20	S
21	F	21	M	21	M
22	S	22	T	22	T
23	S	23	W	23	W
24	M	24	T	24	T
25	T	25	F	25	F
26	W	26	S	26	S
27	T	27	S	27	S
28	F	28	M	28	M
29	S			29	T
30	S			30	W
31	M			31	T

APRIL	MAY	JUNE
1 F	1 S	1 W
2 S	2 M	2 T
3 S	3 T	3 F
4 M	4 W	4 S
5 T	5 T	5 S
6 W	6 F	6 M
7 T	7 S	7 T
8 F	8 S	8 W
9 S	9 M	9 T
10 S	10 T	10 F
11 M	11 W	11 S
12 T	12 T	12 S
13 W	13 F	13 M
14 T	14 S	14 T
15 F	15 S	15 W
16 S	16 M	16 T
17 S	17 T	17 F
18 M	18 W	18 S
19 T	19 T	19 S
20 W	20 F	20 M
21 T	21 S	21 T
22 F	22 S	22 W
23 S	23 M	23 T
24 S	24 T	24 F
25 M	25 W	25 S
26 T	26 T	26 S
27 W	27 F	27 M
28 T	28 S	28 T
29 F	29 S	29 W
30 S	30 M	30 T
	31 T	

PLANNER 2022

JULY	AUGUST	SEPTEMBER
1 F	1 M	1 T
2 S	2 T	2 F
3 S	3 W	3 S
4 M	4 T	4 S
5 T	5 F	5 M
6 W	6 S	6 T
7 T	7 S	7 W
8 F	8 M	8 T
9 S	9 T	9 F
10 S	10 W	10 S
11 M	11 T	11 S
12 T	12 F	12 M
13 W	13 S	13 T
14 T	14 S	14 W
15 F	15 M	15 T
16 S	16 T	16 F
17 S	17 W	17 S
18 M	18 T	18 S
19 T	19 F	19 M
20 W	20 S	20 T
21 T	21 S	21 W
22 F	22 M	22 T
23 S	23 T	23 F
24 S	24 W	24 S
25 M	25 T	25 S
26 T	26 F	26 M
27 W	27 S	27 T
28 T	28 S	28 W
29 F	29 M	29 T
30 S	30 T	30 F
31 S	31 W	

OCTOBER	NOVEMBER	DECEMBER
1 S	1 T	1 T
2 S	2 W	2 F
3 M	3 T	3 S
4 T	4 F	4 S
5 W	5 S	5 M
6 T	6 S	6 T
7 F	7 M	7 W
8 S	8 T	8 T
9 S	9 W	9 F
10 M	10 T	10 S
11 T	11 F	11 S
12 W	12 S	12 M
13 T	13 S	13 T
14 F	14 M	14 W
15 S	15 T	15 T
16 S	16 W	16 F
17 M	17 T	17 S
18 T	18 F	18 S
19 W	19 S	19 M
20 T	20 S	20 T
21 F	21 M	21 W
22 S	22 T	22 T
23 S	23 W	23 F
24 M	24 T	24 S
25 T	25 F	25 S
26 W	26 S	26 M
27 T	27 S	27 T
28 F	28 M	28 W
29 S	29 T	29 T
30 S	30 W	30 F
31 M		31 S

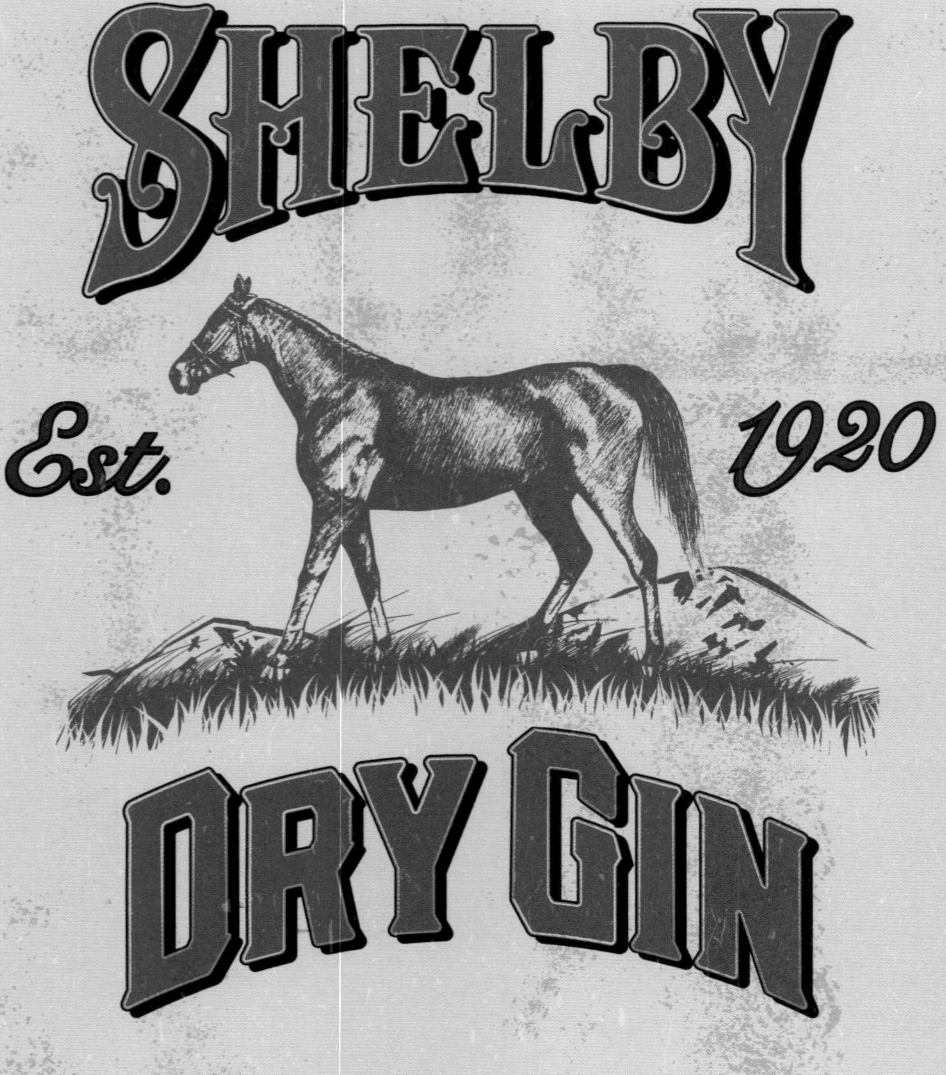
SHELBY
Est. 1920
DRY GIN

JANUARY

TO DO ....

....

....

....

....

....

....

....

....

....

....

....

....

....

....

....

....

....

27 MONDAY

28 TUESDAY

♘ **Boxing Day Bank Holiday (UK)**

29 WEDNESDAY

30 THURSDAY

New Year's Eve

FRIDAY 31

New Year's Day

SATURDAY 1

SUNDAY 2

NOTES

SMALL HEATH
SHELBY
Co. Ltd.
ESTD 1919
BIRMINGHAM

T	F	S	S	M	T	W	T	F	S	S	M	T	W	T	F	S	S	M	T	W	T	F	S	S	M	T	W	T	F	S
16	17	18	19	20	21	22	23	24	25	26	27	28	29	30	31	1	2	3	4	5	6	7	8	9	10	11	12	13	14	15

3   **MONDAY**   PB New Year's Day Holiday

4   **TUESDAY**   Ω Bank Holiday (Scotland)

5   **WEDNESDAY**

6   **THURSDAY**

FRIDAY 7

SATURDAY 8

SUNDAY 9

NOTES

10 MONDAY

11 TUESDAY

12 WEDNESDAY

13 THURSDAY

FRIDAY 14

SATURDAY 15

SUNDAY 16

NOTES

17 MONDAY

18 TUESDAY

19 WEDNESDAY

20 THURSDAY

FRIDAY 21

J

SATURDAY 22

SUNDAY 23

NOTES

S	S	M	T	W	T	F	S	S	M	T	W	T	F	S	S	M	T	W	T	F	S	S	M	T	W	T	F	S	S	M
1	2	3	4	5	6	7	8	9	10	11	12	13	14	15	16	17	18	19	20	21	22	23	24	25	26	27	28	29	30	31

24 MONDAY

25 TUESDAY

26 WEDNESDAY

27 THURSDAY

FRIDAY 28

SATURDAY 29

SUNDAY 30

NOTES

SMALL HEATH
SHELBY
Co. Ltd.
ESTD 1919
BIRMINGHAM

S	S	M	T	W	T	F	S	S	M	T	W	T	F	S	S	M	T	W	T	F	S	S	M	T	W	T	F	S	S	M
1	2	3	4	5	6	7	8	9	10	11	12	13	14	15	16	17	18	19	20	21	22	23	24	25	26	27	28	29	30	31

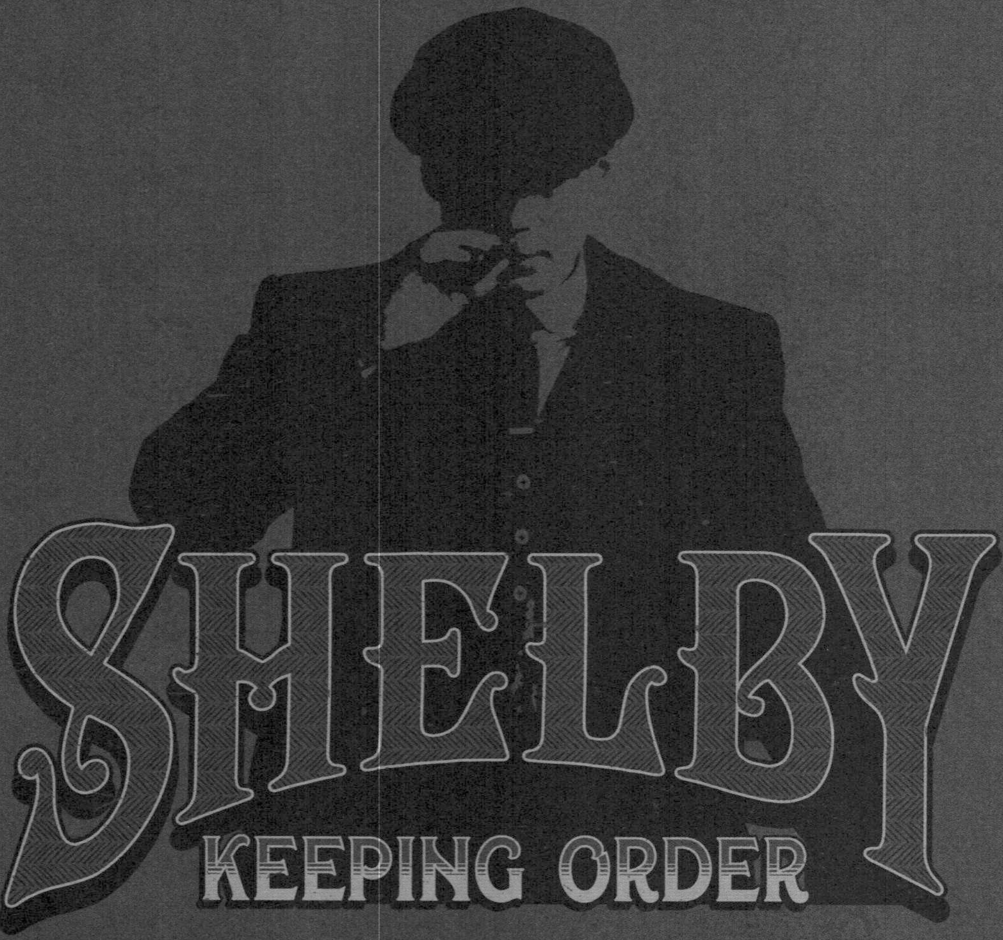
SHELBY
KEEPING ORDER
SINCE 1919

FEBRUARY

TO DO

....

....

....

....

....

....

....

....

....

....

....

....

....

....

....

....

....

31 MONDAY

1 TUESDAY

 Chinese New Year (Tiger)

2 WEDNESDAY

3 THURSDAY

FRIDAY **4**

F

SATURDAY **5**

SUNDAY **6**

NOTES

BY ORDER OF THE
PEAKY
BLINDERS
·SMALL HEATH·

S	M	T	W	T	F	S	S	M	T	W	T	F	S	S	M	T	W	T	F	S	S	M	T	W	T	F	S	S	M	T
16	17	18	19	20	21	22	23	24	25	26	27	28	29	30	31	1	2	3	4	5	6	7	8	9	10	11	12	13	14	15

7 MONDAY

8 TUESDAY

9 WEDNESDAY

10 THURSDAY

FRIDAY 11

F

SATURDAY 12

SUNDAY 13

NOTES

BY ORDER OF THE
PEAKY
BLINDERS
·SMALL HEATH·

T	W	T	F	S	S	M	T	W	T	F	S	S	M	T	W	T	F	S	S	M	T	W	T	F	S	S	M
1	2	3	4	5	6	7	8	9	10	11	12	13	14	15	16	17	18	19	20	21	22	23	24	25	26	27	28

14 MONDAY

PB Valentine's Day

15 TUESDAY

16 WEDNESDAY

17 THURSDAY

FRIDAY **18**

F

SATURDAY **19**

SUNDAY **20**

NOTES

BY ORDER OF THE
PEAKY
BLINDERS
·SMALL HEATH·

T	W	T	F	S	S	M	T	W	T	F	S	S	M	T	W	T	F	S	S	M	T	W	T	F	S	S	M
1	2	3	4	5	6	7	8	9	10	11	12	13	14	15	16	17	18	19	20	21	22	23	24	25	26	27	28

21 MONDAY

22 TUESDAY

23 WEDNESDAY

24 THURSDAY

FRIDAY 25

F

SATURDAY 26

SUNDAY 27

NOTES

T	W	T	F	S	S	M	T	W	T	F	S	S	M	T	W	T	F	S	S	M	T	W	T	F	S	S	M
1	2	3	4	5	6	7	8	9	10	11	12	13	14	15	16	17	18	19	20	21	22	23	24	25	26	27	28

TO DO

28 MONDAY

1 TUESDAY

St. David's Day (Wales) / Shrove Tuesday

2 WEDNESDAY

3 THURSDAY

FRIDAY   **4**

SATURDAY   **5**

SUNDAY   **6**

NOTES

T	W	T	F	S	S	M	T	W	T	F	S	S	M	T	W	T	F	S	S	M	T	W	T	F	S	S	M
15	16	17	18	19	20	21	22	23	24	25	26	27	28	1	2	3	4	5	6	7	8	9	10	11	12	13	14

7   **MONDAY**

8   **TUESDAY**

9   **WEDNESDAY**

10   **THURSDAY**

FRIDAY 11

M

SATURDAY 12

SUNDAY 13

NOTES

ESTABLISHED 1919
ORIGINAL
SHELBY·Co
LTD
BIRMINGHAM

T	W	T	F	S	S	M	T	W	T	F	S	S	M	T	W	T	F	S	S	M	T	W	T	F	S	S	M	T	W	T
1	2	3	4	5	6	7	8	9	10	11	12	13	14	15	16	17	18	19	20	21	22	23	24	25	26	27	28	29	30	31

14 MONDAY

15 TUESDAY

16 WEDNESDAY

17 THURSDAY

St. Patrick's Day

FRIDAY 18

M

SATURDAY 19

SUNDAY 20

NOTES

ESTABLISHED 1919
ORIGINAL
SHELBY·CO
LTD
BIRMINGHAM

T	W	T	F	S	S	M	T	W	T	F	S	S	M	T	W	T	F	S	S	M	T	W	T	F	S	S	M	T	W	T
1	2	3	4	5	6	7	8	9	10	11	12	13	14	15	16	17	18	19	20	21	22	23	24	25	26	27	28	29	30	31

21 MONDAY

22 TUESDAY

23 WEDNESDAY

24 THURSDAY

FRIDAY 25

SATURDAY 26

Daylight Saving Time Starts / Mothering Sunday

SUNDAY 27

NOTES

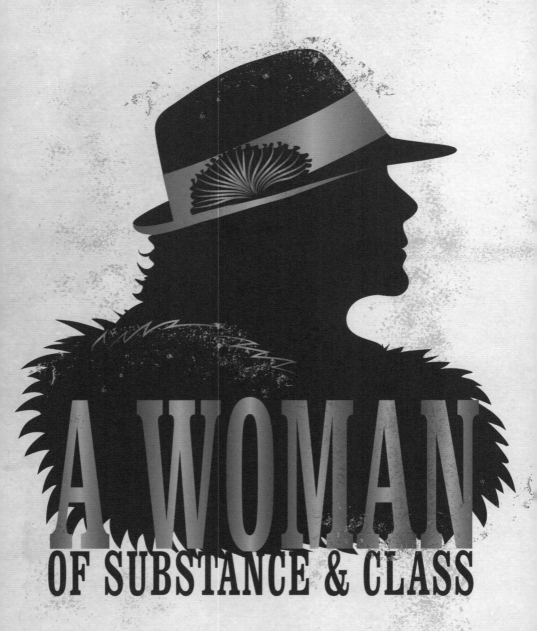

A WOMAN

OF SUBSTANCE & CLASS

APRIL

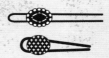

TO DO ....

28 MONDAY

29 TUESDAY

30 WEDNESDAY

31 THURSDAY

FRIDAY 1

A

Ramadan Begins

SATURDAY 2

SUNDAY 3

NOTES

4   **MONDAY**

5   **TUESDAY**

6   **WEDNESDAY**

7   **THURSDAY**

FRIDAY   **8**

A

SATURDAY   **9**

SUNDAY   **10**

NOTES

11 MONDAY

12 TUESDAY

13 WEDNESDAY

14 THURSDAY

Good Friday / Passover Begins

FRIDAY 15

A

SATURDAY 16

Easter Sunday

SUNDAY 17

NOTES

F	S	S	M	T	W	T	F	S	S	M	T	W	T	F	S	S	M	T	W	T	F	S	S	M	T	W	T	F	S
1	2	3	4	5	6	7	8	9	10	11	12	13	14	15	16	17	18	19	20	21	22	23	24	25	26	27	28	29	30

18 MONDAY

Easter Monday

19 TUESDAY

20 WEDNESDAY

21 THURSDAY

FRIDAY 22

A

St. George's Day ♎

SATURDAY 23

SUNDAY 24

NOTES

F	S	S	M	T	W	T	F	S	S	M	T	W	T	F	S	S	M	T	W	T	F	S	S	M	T	W	T	F	S
1	2	3	4	5	6	7	8	9	10	11	12	13	14	15	16	17	18	19	20	21	22	23	24	25	26	27	28	29	30

PEAKY BLINDERS

FOR THOSE THAT MAKE THE RULES

THERE ARE NO RULES

MAY

TO DO ....

....

....

....

....

....

....

....

....

....

....

....

....

....

....

....

....

....

25 MONDAY

26 TUESDAY

27 WEDNESDAY

28 THURSDAY

FRIDAY 29

SATURDAY 30

M

SUNDAY 1

NOTES

SMALL HEATH
PEAKY BLINDERS
ESTD 1919

S	S	M	T	W	T	F	S	S	M	T	W	T	F	S	S	M	T	W	T	F	S	S	M	T	W	T	F	S	S
16	17	18	19	20	21	22	23	24	25	26	27	28	29	30	1	2	3	4	5	6	7	8	9	10	11	12	13	14	15

MAY 2022

2 **MONDAY**

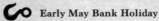 **Early May Bank Holiday**

---

3 **TUESDAY**

---

4 **WEDNESDAY**

---

5 **THURSDAY**

MAY 2022

FRIDAY 6

SATURDAY 7

M

SUNDAY 8

NOTES

S	M	T	W	T	F	S	S	M	T	W	T	F	S	S	M	T	W	T	F	S	S	M	T	W	T	F	S	S	M	T
1	2	3	4	5	6	7	8	9	10	11	12	13	14	15	16	17	18	19	20	21	22	23	24	25	26	27	28	29	30	31

9   MONDAY

10   TUESDAY

11   WEDNESDAY

12   THURSDAY

MAY 2022

FRIDAY 13

SATURDAY 14

M

SUNDAY 15

NOTES

S M T W T F S S M T W T F S S M T W T F S S M T W T F S S M T
1 2 3 4 5 6 7 8 9 10 11 12 13 14 15 16 17 18 19 20 21 22 23 24 25 26 27 28 29 30 31

16 MONDAY

17 TUESDAY

18 WEDNESDAY

19 THURSDAY

FRIDAY 20

SATURDAY 21

M

SUNDAY 22

NOTES

S	M	T	W	T	F	S	S	M	T	W	T	F	S	S	M	T	W	T	F	S	S	M	T	W	T	F	S	S	M	T
1	2	3	4	5	6	7	8	9	10	11	12	13	14	15	16	17	18	19	20	21	22	23	24	25	26	27	28	29	30	31

MAY 2022

WEEK 21

23 MONDAY

24 TUESDAY

25 WEDNESDAY

26 THURSDAY

FRIDAY 27

....
....
....
....
....
....

SATURDAY 28

M

....
....
....
....
....
....

SUNDAY 29

....
....
....
....
....
....
....

NOTES

....
....
....
....

SMALL HEATH
PEAKY BLINDERS
ESTD 1919

S	M	T	W	T	F	S	S	M	T	W	T	F	S	S	M	T	W	T	F	S	S	M	T	W	T	F	S	S	M	T
1	2	3	4	5	6	7	8	9	10	11	12	13	14	15	16	17	18	19	20	21	22	23	24	25	26	27	28	29	30	31

UNDER NEW MANAGEMENT

SHELBY Co.

Estd. 1919

BY ORDER OF THE

PEAKY BLINDERS

JUNE

PB

30 MONDAY

31 TUESDAY

1 WEDNESDAY

2 THURSDAY   Queen's Platinum Jubilee Bank Holiday

Queen's Platinum Jubilee Bank Holiday

FRIDAY **3**

SATURDAY **4**

J

SUNDAY **5**

NOTES

M	T	W	T	F	S	S	M	T	W	T	F	S	S	M	T	W	T	F	S	S	M	T	W	T	F	S	S	M	T	W
16	17	18	19	20	21	22	23	24	25	26	27	28	29	30	31	1	2	3	4	5	6	7	8	9	10	11	12	13	14	15

6 MONDAY

7 TUESDAY

8 WEDNESDAY

9 THURSDAY

JUNE 2022

FRIDAY 10

SATURDAY 11

J

SUNDAY 12

NOTES

13 MONDAY

14 TUESDAY

15 WEDNESDAY

16 THURSDAY

FRIDAY 17

SATURDAY 18

J

Father's Day

SUNDAY 19

NOTES

PEAKY BLINDERS
Estd. 1919
BIRMINGHAM

W	T	F	S	S	M	T	W	T	F	S	S	M	T	W	T	F	S	S	M	T	W	T	F	S	S	M	T	W	T
1	2	3	4	5	6	7	8	9	10	11	12	13	14	15	16	17	18	19	20	21	22	23	24	25	26	27	28	29	30

20 MONDAY

21 TUESDAY

22 WEDNESDAY

23 THURSDAY

FRIDAY 24

....
....
....
....
....
....

SATURDAY 25

....
....
....
....
....

J

SUNDAY 26

....
....
....
....
....
....

NOTES

....
....
....

W	T	F	S	S	M	T	W	T	F	S	S	M	T	W	T	F	S	S	M	T	W	T	F	S	S	M	T	W	T
1	2	3	4	5	6	7	8	9	10	11	12	13	14	15	16	17	18	19	20	21	22	23	24	25	26	27	28	29	30

FAMILY IS MY STRENGTH

JULY

TO DO

....
....
....
....
....
....
....
....
....
....
....
....
....
....
....
....
....
....
....

27 MONDAY

28 TUESDAY

29 WEDNESDAY

30 THURSDAY

FRIDAY 1

SATURDAY 2

J

SUNDAY 3

NOTES

T	F	S	S	M	T	W	T	F	S	S	M	T	W	T	F	S	S	M	T	W	T	F	S	S	M	T	W	T	F
16	17	18	19	20	21	22	23	24	25	26	27	28	29	30	1	2	3	4	5	6	7	8	9	10	11	12	13	14	15

4   **MONDAY**

5   **TUESDAY**

6   **WEDNESDAY**

7   **THURSDAY**

FRIDAY   **8**

SATURDAY   **9**

J

SUNDAY   **10**

NOTES

11 MONDAY

12 TUESDAY

Battle of the Boyne (Northern Ireland)

13 WEDNESDAY

14 THURSDAY

FRIDAY 15

SATURDAY 16

J

SUNDAY 17

NOTES

18 MONDAY

19 TUESDAY

20 WEDNESDAY

21 THURSDAY

FRIDAY 22

SATURDAY 23

J

SUNDAY 24

NOTES

F	S	S	M	T	W	T	F	S	S	M	T	W	T	F	S	S	M	T	W	T	F	S	S	M	T	W	T	F	S	S
1	2	3	4	5	6	7	8	9	10	11	12	13	14	15	16	17	18	19	20	21	22	23	24	25	26	27	28	29	30	31

25 MONDAY

26 TUESDAY

27 WEDNESDAY

28 THURSDAY

Islamic New Year Begins (S)

J

NOTES

F	S	S	M	T	W	T	F	S	S	M	T	W	T	F	S	S	M	T	W	T	F	S	S	M	T	W	T	F	S	S
1	2	3	4	5	6	7	8	9	10	11	12	13	14	15	16	17	18	19	20	21	22	23	24	25	26	27	28	29	30	31

PEAKY BLINDERS

I WARN YOU, I'LL BREAK YOUR HEART 💔

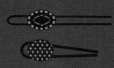

TO DO

1   MONDAY

Summer Bank Holiday (Scotland)

2   TUESDAY

3   WEDNESDAY

4   THURSDAY

FRIDAY 5

SATURDAY 6

SUNDAY 7

A

NOTES

BY ORDER OF THE
Estd. PEAKY BLINDERS 1919

8   **MONDAY**

9   **TUESDAY**

10   **WEDNESDAY**

11   **THURSDAY**

FRIDAY 12

SATURDAY 13

SUNDAY 14

A

NOTES

BY ORDER OF THE
Estd. PEAKY BLINDERS *1919*

15 MONDAY

16 TUESDAY

17 WEDNESDAY

18 THURSDAY

FRIDAY 19

SATURDAY 20

SUNDAY 21

A

NOTES

BY ORDER OF THE
Estd. PEAKY BLINDERS 1919

22 MONDAY

23 TUESDAY

24 WEDNESDAY

25 THURSDAY

FRIDAY 26

SATURDAY 27

SUNDAY 28

A

NOTES

BY ORDER OF THE
Estd. PEAKY 1919 BLINDERS

BY ORDER OF THE

PEAKY BLINDERS

SMALL HEATH

SEPTEMBER

TO DO ....

....

....

....

....

....

....

....

....

....

....

....

....

....

....

....

....

29 **MONDAY** Summer Bank Holiday (ENG, NIR, WAL)

30 **TUESDAY**

31 **WEDNESDAY**

1 **THURSDAY**

FRIDAY **2**

....

....

....

....

....

....

SATURDAY **3**

....

....

....

....

....

....

SUNDAY **4**

S

....

....

....

....

....

NOTES

....

....

....

T	W	T	F	S	S	M	T	W	T	F	S	S	M	T	W	T	F	S	S	M	T	W	T	F	S	S	M	T	W	T
16	17	18	19	20	21	22	23	24	25	26	27	28	29	30	31	1	2	3	4	5	6	7	8	9	10	11	12	13	14	15

5 **MONDAY**

6 **TUESDAY**

7 **WEDNESDAY**

8 **THURSDAY**

FRIDAY **9**

SATURDAY **10**

SUNDAY **11**

S

NOTES

T	F	S	S	M	T	W	T	F	S	S	M	T	W	T	F	S	S	M	T	W	T	F	S	S	M	T	W	T	F
1	2	3	4	5	6	7	8	9	10	11	12	13	14	15	16	17	18	19	20	21	22	23	24	25	26	27	28	29	30

12 MONDAY

13 TUESDAY

14 WEDNESDAY

15 THURSDAY

FRIDAY 16

....

....

....

....

....

....

SATURDAY 17

....

....

....

....

....

....

SUNDAY 18

....

....

....

....

....

....

S

NOTES

....

....

....

SMALL HEATH
PEAKY
BLINDERS
ESTD 1919

T	F	S	S	M	T	W	T	F	S	S	M	T	W	T	F	S	S	M	T	W	T	F	S	S	M	T	W	T	F
1	2	3	4	5	6	7	8	9	10	11	12	13	14	15	16	17	18	19	20	21	22	23	24	25	26	27	28	29	30

19 MONDAY

20 TUESDAY

21 WEDNESDAY   The United Nations International Day of Peace

22 THURSDAY

FRIDAY 23

SATURDAY 24

Rosh Hashanah (Jewish New Year) Begins

SUNDAY 25

S

NOTES

SMALL HEATH
PEAKY BLINDERS
ESTD 1919

T	F	S	S	M	T	W	T	F	S	S	M	T	W	T	F	S	S	M	T	W	T	F	S	S	M	T	W	T	F
1	2	3	4	5	6	7	8	9	10	11	12	13	14	15	16	17	18	19	20	21	22	23	24	25	26	27	28	29	30

TIME TO MAKE SOME REAL MONEY

PEAKY BLINDERS

OCTOBER

TO DO

....
....
....
....
....
....
....
....
....
....
....
....
....
....
....
....

26 MONDAY

27 TUESDAY

28 WEDNESDAY

29 THURSDAY

FRIDAY **30**

SATURDAY **1**

SUNDAY **2**

0

NOTES

SMALL HEATH
SHELBY
Co. Ltd.
ESTD 1919
BIRMINGHAM

3   **MONDAY**

4   **TUESDAY**   1919   Yom Kippur Begins

5   **WEDNESDAY**

6   **THURSDAY**

FRIDAY   **7**

SATURDAY   **8**

SUNDAY   **9**

0

NOTES

S	S	M	T	W	T	F	S	S	M	T	W	T	F	S	S	M	T	W	T	F	S	S	M	T	W	T	F	S	S	M
1	2	3	4	5	6	7	8	9	10	11	12	13	14	15	16	17	18	19	20	21	22	23	24	25	26	27	28	29	30	31

10 MONDAY

World Mental Health Day

11 TUESDAY

12 WEDNESDAY

13 THURSDAY

FRIDAY 14

SATURDAY 15

SUNDAY 16

0

NOTES

SMALL HEATH
SHELBY
Co. Ltd.
ESTD 1919
BIRMINGHAM

S	S	M	T	W	T	F	S	S	M	T	W	T	F	S	S	M	T	W	T	F	S	S	M	T	W	T	F	S	S	M
1	2	3	4	5	6	7	8	9	10	11	12	13	14	15	16	17	18	19	20	21	22	23	24	25	26	27	28	29	30	31

17 MONDAY

18 TUESDAY

19 WEDNESDAY

20 THURSDAY

FRIDAY 21

SATURDAY 22

SUNDAY 23

NOTES

24 **MONDAY**

Diwali

25 **TUESDAY**

26 **WEDNESDAY**

27 **THURSDAY**

FRIDAY 28

SATURDAY 29

Daylight Saving Time Ends   **SUNDAY 30**

0

NOTES

S	S	M	T	W	T	F	S	S	M	T	W	T	F	S	S	M	T	W	T	F	S	S	M	T	W	T	F	S	S	M
1	2	3	4	5	6	7	8	9	10	11	12	13	14	15	16	17	18	19	20	21	22	23	24	25	26	27	28	29	30	31

NOVEMBER

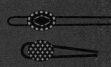

TO DO ....
....
....
....
....
....
....
....
....
....
....
....
....
....
....
....

31 MONDAY

Halloween

1 TUESDAY

2 WEDNESDAY

3 THURSDAY

NOVEMBER 2022

FRIDAY 4

Guy Fawkes Night

SATURDAY 5

SUNDAY 6

NOTES

PEAKY BLINDERS
Estd. 1919
BIRMINGHAM

S	M	T	W	T	F	S	S	M	T	W	T	F	S	S	M	T	W	T	F	S	S	M	T	W	T	F	S	S	M	T
16	17	18	19	20	21	22	23	24	25	26	27	28	29	30	31	1	2	3	4	5	6	7	8	9	10	11	12	13	14	15

7 MONODAY

8 TUESDAY

9 WEDNESDAY

10 THURSDAY

FRIDAY **11**

SATURDAY **12**

Remembrance Sunday **SUNDAY** **13**

NOTES

T	W	T	F	S	S	M	T	W	T	F	S	S	M	T	W	T	F	S	S	M	T	W	T	F	S	S	M	T	W
1	2	3	4	5	6	7	8	9	10	11	12	13	14	15	16	17	18	19	20	21	22	23	24	25	26	27	28	29	30

14 MONDAY

15 TUESDAY

16 WEDNESDAY

17 THURSDAY

FRIDAY 18

SATURDAY 19

SUNDAY 20

NOTES

T	W	T	F	S	S	M	T	W	T	F	S	S	M	T	W	T	F	S	S	M	T	W	T	F	S	S	M	T	W
1	2	3	4	5	6	7	8	9	10	11	12	13	14	15	16	17	18	19	20	21	22	23	24	25	26	27	28	29	30

21 MONDAY

22 TUESDAY

23 WEDNESDAY

24 THURSDAY

FRIDAY 25

SATURDAY 26

SUNDAY 27

NOTES

T	W	T	F	S	S	M	T	W	T	F	S	S	M	T	W	T	F	S	S	M	T	W	T	F	S	S	M	T	W
1	2	3	4	5	6	7	8	9	10	11	12	13	14	15	16	17	18	19	20	21	22	23	24	25	26	27	28	29	30

PEAKY BLINDERS

KEEPING ORDER

SINCE 1919

DECEMBER

TO DO

28 MONDAY

29 TUESDAY

30 WEDNESDAY

St. Andrew's Day (Scotland)

1 THURSDAY

FRIDAY 2

SATURDAY 3

SUNDAY 4

NOTES

5 MONDAY

6 TUESDAY

7 WEDNESDAY

8 THURSDAY

FRIDAY 9

SATURDAY 10

SUNDAY 11

NOTES

12 MONDAY

13 TUESDAY

14 WEDNESDAY

15 THURSDAY

FRIDAY 16

SATURDAY 17

SUNDAY 18

NOTES

BY ORDER OF THE
PEAKY
BLINDERS
·SMALL HEATH·

D

T	F	S	S	M	T	W	T	F	S	S	M	T	W	T	F	S	S	M	T	W	T	F	S	S	M	T	W	T	F	S
1	2	3	4	5	6	7	8	9	10	11	12	13	14	15	16	17	18	19	20	21	22	23	24	25	26	27	28	29	30	31

19 MONDAY

20 TUESDAY

21 WEDNESDAY

22 THURSDAY

FRIDAY 23

SATURDAY 24

Christmas Day 🍷 **SUNDAY 25**

NOTES

BY ORDER OF THE
PEAKY
BLINDERS
·SMALL HEATH·

D

T	F	S	S	M	T	W	T	F	S	S	M	T	W	T	F	S	S	M	T	W	T	F	S	S	M	T	W	T	F	S
1	2	3	4	5	6	7	8	9	10	11	12	13	14	15	16	17	18	19	20	21	22	23	24	25	26	27	28	29	30	31

DECEMBER 2022

26 **MONDAY**

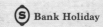 **Boxing Day**

27 **TUESDAY**

(S) **Bank Holiday**

28 **WEDNESDAY**

29 **THURSDAY**

FRIDAY **30**

New Year's Eve

SATURDAY **31**

New Year's Day

SUNDAY **1**

NOTES

BY ORDER OF THE

PEAKY
BLINDERS

·SMALL HEATH·

J

F	S	S	M	T	W	T	F	S	S	M	T	W	T	F	S	S	M	T	W	T	F	S	S	M	T	W	T	F	S	S
16	17	18	19	20	21	22	23	24	25	26	27	28	29	30	31	1	2	3	4	5	6	7	8	9	10	11	12	13	14	15

PLANNER 2023

	JANUARY		FEBRUARY		MARCH
1	S	1	W	1	W
2	M	2	T	2	T
3	T	3	F	3	F
4	W	4	S	4	S
5	T	5	S	5	S
6	F	6	M	6	M
7	S	7	T	7	T
8	S	8	W	8	W
9	M	9	T	9	T
10	T	10	F	10	F
11	W	11	S	11	S
12	T	12	S	12	S
13	F	13	M	13	M
14	S	14	T	14	T
15	S	15	W	15	W
16	M	16	T	16	T
17	T	17	F	17	F
18	W	18	S	18	S
19	T	19	S	19	S
20	F	20	M	20	M
21	S	21	T	21	T
22	S	22	W	22	W
23	M	23	T	23	T
24	T	24	F	24	F
25	W	25	S	25	S
26	T	26	S	26	S
27	F	27	M	27	M
28	S	28	T	28	T
29	S			29	W
30	M			30	T
31	T			31	F

APRIL	MAY	JUNE
1 S	1 M	1 T
2 S	2 T	2 F
3 M	3 W	3 S
4 T	4 T	4 S
5 W	5 F	5 M
6 T	6 S	6 T
7 F	7 S	7 W
8 S	8 M	8 T
9 S	9 T	9 F
10 M	10 W	10 S
11 T	11 T	11 S
12 W	12 F	12 M
13 T	13 S	13 T
14 F	14 S	14 W
15 S	15 M	15 T
16 S	16 T	16 F
17 M	17 W	17 S
18 T	18 T	18 S
19 W	19 F	19 M
20 T	20 S	20 T
21 F	21 S	21 W
22 S	22 M	22 T
23 S	23 T	23 F
24 M	24 W	24 S
25 T	25 T	25 S
26 W	26 F	26 M
27 T	27 S	27 T
28 F	28 S	28 W
29 S	29 M	29 T
30 S	30 T	30 F
	31 W	

PLANNER 2023

JULY	AUGUST	SEPTEMBER
1 S	1 T	1 F
2 S	2 W	2 S
3 M	3 T	3 S
4 T	4 F	4 M
5 W	5 S	5 T
6 T	6 S	6 W
7 F	7 M	7 T
8 S	8 T	8 F
9 S	9 W	9 S
10 M	10 T	10 S
11 T	11 F	11 M
12 W	12 S	12 T
13 T	13 S	13 W
14 F	14 M	14 T
15 S	15 T	15 F
16 S	16 W	16 S
17 M	17 T	17 S
18 T	18 F	18 M
19 W	19 S	19 T
20 T	20 S	20 W
21 F	21 M	21 T
22 S	22 T	22 F
23 S	23 W	23 S
24 M	24 T	24 S
25 T	25 F	25 M
26 W	26 S	26 T
27 T	27 S	27 W
28 F	28 M	28 T
29 S	29 T	29 F
30 S	30 W	30 S
31 M	31 T	

OCTOBER	NOVEMBER	DECEMBER
1 S	1 W	1 F
2 M	2 T	2 S
3 T	3 F	3 S
4 W	4 S	4 M
5 T	5 S	5 T
6 F	6 M	6 W
7 S	7 T	7 T
8 S	8 W	8 F
9 M	9 T	9 S
10 T	10 F	10 S
11 W	11 S	11 M
12 T	12 S	12 T
13 F	13 M	13 W
14 S	14 T	14 T
15 S	15 W	15 F
16 M	16 T	16 S
17 T	17 F	17 S
18 W	18 S	18 M
19 T	19 S	19 T
20 F	20 M	20 W
21 S	21 T	21 T
22 S	22 W	22 F
23 M	23 T	23 S
24 T	24 F	24 S
25 W	25 S	25 M
26 T	26 S	26 T
27 F	27 M	27 W
28 S	28 T	28 T
29 S	29 W	29 F
30 M	30 T	30 S
31 T		31 S

ADDRESS / PHONE NUMBERS

NAME

ADDRESS

TELEPHONE   **MOBILE**

EMAIL

NAME

ADDRESS

TELEPHONE   **MOBILE**

EMAIL

NAME

ADDRESS

TELEPHONE   **MOBILE**

EMAIL

NAME

ADDRESS

TELEPHONE   **MOBILE**

EMAIL

NAME

ADDRESS

TELEPHONE   **MOBILE**

EMAIL

NAME

ADDRESS

TELEPHONE   **MOBILE**

EMAIL

NAME

ADDRESS

TELEPHONE   **MOBILE**

EMAIL

NAME

ADDRESS

TELEPHONE   **MOBILE**

EMAIL

NAME

ADDRESS

TELEPHONE   **MOBILE**

EMAIL

NAME

ADDRESS

TELEPHONE   **MOBILE**

EMAIL

NAME

ADDRESS

TELEPHONE   **MOBILE**

EMAIL

NAME

ADDRESS

TELEPHONE   **MOBILE**

EMAIL

NOTES

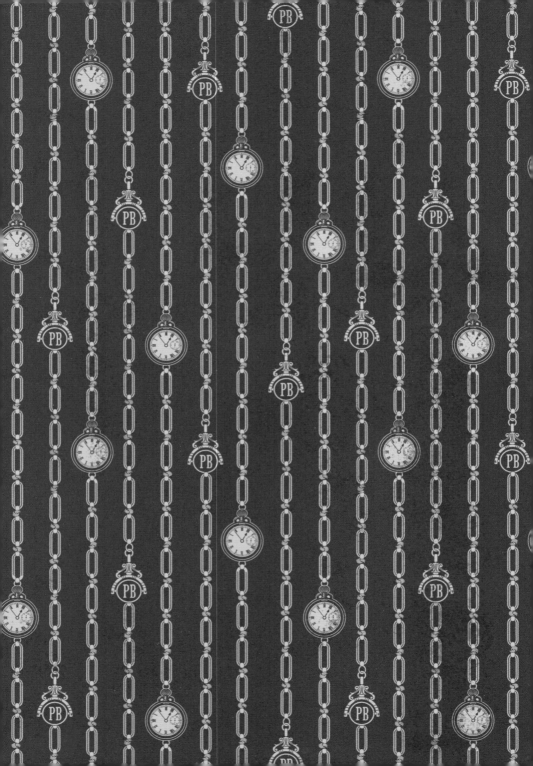